ConnectDoor –

Zugang zu tiefen Dimensionen

Die Dämonen der Seele

Inge Friedrich
Ulrike Kluge
Bernd Laudenbach

Bibliografische Information der Deutschen Nationalbibliothek. Die Deutsche Nationalbibliothek verzeichnet diese Publikation in der Deutschen Nationalbibliografie, detaillierte bibliografische Daten sind im Internet über http://dnb.dnb.de abrufbar.

Herstellung und Verlag

BoD – Books on Demand, Norderstedt

ISBN 9783754374139

Diese Informationen sind für Menschen,

- die bereit sind, Eigenverantwortung für Gesundheit, Fühlen, Denken und Handeln zu übernehmen,
- die Verbindungen zu inneren Realitäten und inneren Ursprüngen ihres Selbst hervorrufen möchten,
- die an Maßnahmen gegen die Versklavung des menschlichen Bewusstseins interessiert sind,
- die neugierig darauf sind, Unbekanntes für sich bekannt zu machen,
- die für sich selbst entscheiden wollen, welche Optionen für sie von Vorteil sind.

Inhaltsverzeichnis

Vorwort

Ich habe Angst vor Höhe. Wenn ich an der Brüstung eines Turms stehe, muss ich mich festhalten. Eine unhörbare Stimme sagt zu mir, dass ich entweder runterfalle oder aber springen muss. Mein Verstand signalisiert mir aber, dass ich das auf keinen Fall tun muss. Manchmal habe ich auch das Gefühl, der Turm stürzt mit mir um. So vermeide ich es weitgehend, mich solchen Situationen auszusetzen.

Ich bin diesem Dilemma aber noch nicht auf den Grund gegangen, ich vergesse es immer wieder, es sei denn, die Situation kommt wieder.

Ein Kollege empfahl mir das Buch „Samarkand, eine Reise in die Tiefen der Seele" von Olga Kharitidi, ohne von meinen oben genannten Schwierigkeiten zu wissen und so stieß ich auf die Dämonen der Seele.

Zahlreiche COBIMAX-Programme kamen mir in den Sinn, die hilfreich sein können bei Problemen dieser Art und so machte ich mich mit Hilfe von Cen-Tooh auf die Suche nach dem Ursprung meiner Höhenangst.

Cen-Tooh, der Therapeut

Mit diesem ConnectDoor-Taschenbuch steigen wir hinab in die verborgenen Tiefen der Psyche.
Zuerst beschreibt die Autorin Inge ihre Ängste und was sie im Internet finden konnte, z.B. über die inneren Stimmen, die sonst keiner außer ihr hört, die sie verleiten wollen, etwas zu tun, was ihrem Verstand widerspricht.
Dann werde ich, Cen-Tooh

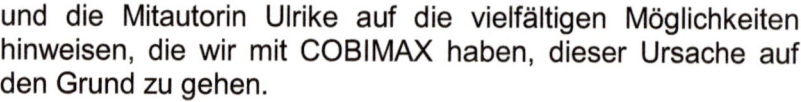

und die Mitautorin Ulrike auf die vielfältigen Möglichkeiten hinweisen, die wir mit COBIMAX haben, dieser Ursache auf den Grund zu gehen.

Die Quelle von Leid, Unglück oder sogar Krankheit nennen wir Trauma. Wenn etwas Euch verletzt und Ihr es nicht voll und ganz als Teil Eurer persönlichen Geschichte akzeptiert, dann entsteht eine Lücke, die von einem „Dämon" besetzt wird. Das kann man bezeichnen als andere Manifestationen von Wesen oder nicht integrierte Verkörperungen oder als Neurotransmitter.

Reaktionen beim Arbeiten mit COBIMAX

So einzigartig und individuell jeder Mensch ist, können je nach den Problemen vielfältige Reaktionen auftreten. Angefangen bei starker Müdigkeit bis hin zu mehrminütigem Tiefschlaf, häufiges und tiefes Gähnen, Ameisenkribbeln bis völlige Taubheitsgefühle einzelner Gliedmaßen, Blähgefühle im Bauchbereich, Wärme, Kälte, Schwindel, Kopfschmerzen, Migräne, völlige Schwere bis hin zu einem nicht mehr Anheben-Können einzelner Gliedmaßen. Organe können stark spürbar werden. Enge oder Kloßgefühl im Hals, ganze Wirbelsäulenabschnitte machen sich bemerkbar, deutliche Reaktionen im Herzbereich, Schwere und Enge in der Brust oder erschwertes Atmen bis hin zu Atemnot. Anvisierte Gefühle können in aller Deutlichkeit erlebt werden.

Die Skala der möglichen Reaktionen ist nach oben offen. Dies soll den Menschen nicht erschrecken, sondern nur darauf hinweisen, dass Stärke und Lokalisation der eintreffenden Reaktionen nicht immer den Erwartungen des Wachbewusstseins entsprechen.

Diese Reaktionen sind nach kurzer Zeit wieder verschwunden.

Beim Arbeiten mit COBIMAX ist es unbedingt erforderlich, die reagierenden Sätze oder Worte täglich einmal zu wiederholen, bis keine Reaktion mehr vorhanden ist.

Hinweis:
Es sei hier darauf hingewiesen, dass auf der Erde diese Methode für den medizinischen Laien weder Arzt noch Heilpraktiker ersetzt, und dass sie niemals zum Absetzen von Medikamenten auffordert.

connectdoor

Wichtiger Hinweis!!!

Wenn der Mensch glaubt, durch einfaches Durchlesen der COBIMAX-Programme wäre die Korrektur schon angestoßen, muss ich ihn enttäuschen: Hier arbeitet das Gehirn nur in einem Frequenzbereich von etwa maximal 40 Hertz. Um aber mit COBIMAX zu arbeiten, benötigen wir eine Frequenz von etwa 3 Petahertz, das ist eine 3 mit 15 Nullen, also 3000000000000000 Hertz.
Wie kommen wir dort hin?
Durch Anschluss an Dynamische Intelligenz. Das bedeutet, dass unser Großhirn wieder Verbindung bekommt zu unserem Kleinhirn und unsere Gedanken auf 3 Petaherz bringen kann und so gelingt es uns, Zugriff auf alle Frequenzen zu nehmen.

Jeder COBIMAX-Ausgebildete hat die Möglichkeit, über sein eigenes Kleinhirn Dynamische Intelligenz bei sich selbst oder bei jedem anderen Menschen anzuwenden, sogar bei Tieren oder Pflanzen.

Außerdem ist im Internet die Seite www.connectdoor.de so gestaltet, dass bei Druck auf die Knollennase von Cen-Tooh diese Verbindung kurzzeitig aufgebaut wird. Dort kann also jeder Mensch selbständig die Programme effektiv durcharbeiten.

Im Falle eines Traumas empfehle ich in jedem Fall einen ausgebildeten COBIMAX-Therapeuten zu konsultieren.

Nachdem Cen-Tooh signalisierte, dass er bestimmt helfen konnte, das Problem zu lösen, machte ich mich auf die Suche nach Artikeln im Internet und fand Folgendes:

Wer Stimmen hört muss nicht krank sein – ärztliche Abklärung aber sehr wichtig
Viele Menschen haben schon einmal Stimmen im Kopf gehört. Manche Personen hören gelegentlich oder auch häufig Stimmen. Für einen Teil dieser Menschen ist dieses Phänomen unproblematisch, während andere extrem darunter leiden können. Stimmenhören kann auch auf eine schwerwiegende Erkrankung der Psyche oder des Gehirns hindeuten und sollte unbedingt fachärztlich abgeklärt werden.

„Stimmenhören und andere Halluzinationen können im Rahmen einer beginnenden Psychose auftreten, weswegen es sehr wichtig ist, zeitnah einen Facharzt für Psychiatrie und Psychotherapie aufzusuchen. Charakteristisch für eine Psychose ist, dass Betroffene in unterschiedlichem Ausmaß den Bezug zur Realität verlieren und Dinge wahrnehmen, die in Wahrheit nicht vorhanden sind. Das können dann Stimmen sein, die Befehle geben oder Situationen kommentieren aber auch unangenehme Gerüche, Lichtblitze sowie eine veränderte Farbwahrnehmung" berichtet Prof. Peter Falkai von der Deutschen Gesellschaft für Psychiatrie, Psychotherapie, Psychosomatik und Nervenheilkunde (DGPPN) in Berlin.

„Besonders gefährdet für eine Psychose-Erkrankung sind junge Erwachsene. Oft ist es ein schleichender Prozess, bei dem sich das Erleben langsam verändert und parallel weitere Symptome auftreten. So können beispielsweise wiederholt die Gedanken chaotisch durcheinandergeraten oder auch von Nebensächlichem unterbrochen werden. Auch erleben Betroffene ihre Umgebung zunehmend als unwirklich oder haben das Gefühl, nur noch neben sich zu stehen."

Noch bevor solche psychotischen Symptome auftreten, kann

es bereits zu Beeinträchtigungen der Stimmung, des Antriebs sowie der kognitiven und kommunikativen Fähigkeiten kommen, die das soziale Leben und die Ausbildung oder den Beruf behindern.

Tritt das Stimmenhören erstmals im höheren Lebensalter auf, kann dies aber auch auf einen degenerativen Prozess hindeuten - wie beispielsweise eine Demenzerkrankung oder eine Stoffwechselentgleisung - die ebenfalls ärztlich genau abgeklärt und ggf. behandelt werden müssen.

Stimmenhören kann auch ein harmloses Phänomen sein Stimmenhören muss aber nicht zwangsläufig behandlungsbedürftig sein. Sehr viele Menschen kommen sogar mit den Stimmen, die andere Menschen nicht hören, gut zurecht und empfinden sie als Bereicherung in ihrem Leben.

„Stimmen zu halluzinieren ist gar nicht mal so selten. Wir gehen davon aus, dass es zwischen drei und zehn Prozent der Bevölkerung einmal im Leben passiert. Personen, die plötzlich diese Erfahrung machen, sollten also möglichst nicht gleich beunruhigt oder besorgt reagieren, denn das bedeutet nicht, dass man krank ist oder wird. Eine Abklärung ist aber notwendig", meint der Experte. „Das erste Eintreten von Stimmenhören ist für viele allerdings oft ein dramatisches Ereignis. Es kann zu panischen Reaktionen kommen und zu einem inneren Kampf, den Stimmen entfliehen zu wollen. Aus Angst, verrückt zu werden, neigen viele zur Verdrängung oder versuchen, sich abzulenken – was oftmals erfolglos bleibt.

Diese Reaktionen sind zunächst nur verständlich. Längerfristig tragen solche negativen Interpretationen und der damit einhergehende Stress aber dazu bei, dass die Symptomatik einen ungünstigen Verlauf nimmt und Betroffene sich eher in Behandlung begeben müssen."

Einem anderen Teil der Stimmenhörer gelingt von sich aus ein erfolgreicher Umgang mit den Stimmen. Sie begreifen diese als eine Art Besonderheit ihres zentralen Nervensystems oder nutzen die Stimmen auch als Gradmesser der eigenen Befindlichkeit.

Die Stimmen zeigen ihnen auf, dass sie vielleicht gerade unter besonderer Anspannung oder in einer Konfliktsituation stehen und man dies als Gelegenheit nutzen kann, sich etwas zurückzunehmen und mehr Regenerationsphasen einzuplanen.

Manchen Menschen gelingt es, die Wahrnehmung auf die als positiv empfunden Stimmen zu lenken, Stimmen einzugrenzen, zuzulassen, verstummen zu lassen oder auch in einen konstruktiven «Dialog» mit den Stimmen zu treten. Auch berichten einige, dass die Stimmen ihnen Aufschlüsse über ungelöste Lebensprobleme geben und dies bei der

Bewältigung von Problemen helfen kann.

Es hat sich gezeigt, dass Menschen, die bereits in jüngeren Jahren von Stimmen begleitet wurden, diese als weit weniger belastend oder verstörend erleben und es eher gelingt, sie in ihr Leben zu integrieren.

Bei Leidensdruck ist professionelle Hilfe wichtig.

Das Stimmenhören kann vom Kopf, den Ohren, von außerhalb des Körpers oder auch von bestimmten Körperteilen ausgehen. Dies kann für manche Menschen, auch wenn keine psychische oder organische Erkrankung zugrunde liegt, sehr problematisch und belastend sein.

„Werden die Stimmen als tyrannisierend empfunden oder fühlt man sich in seiner Lebensführung eingeschränkt, kann psychotherapeutische Hilfe wichtig sein.

Selbst wenn das Stimmenhören gar nicht oder nur unwesentlich beeinflusst werden kann, können sich Betroffene einen besseren, weniger belastenden Umgang damit aneignen", rät Prof. Falkai. „Auch die Teilnahme an einer Selbsthilfegruppe kann eine gute Möglichkeit sein, das Phänomen leichter in sein Leben zu integrieren, denn dort erhält man Einblick in eine Vielzahl von Selbsthilfestrategien."

Ein großes Problem ist für viele Betroffene, dass sie mit ihrem Erleben alleine bleiben und aus Angst vor Stigmatisierung oder der Möglichkeit, für verrückt erklärt zu werden, die Stimmen der Umwelt gegenüber verschweigen. Leider reagiert das Umfeld auch oft mit Unverständnis, Zurückweisung und wenig tolerant.

Es gibt keine abschließende Erklärung dafür, warum ein Mensch plötzlich anfängt Stimmen zu hören.

Das Stimmenhören kann unter anderem im Rahmen traumatischer oder intensiver emotionaler Ereignissen auftreten, wie bei Unfällen, zwischenmenschlichen Konflikten, Todesfällen, Scheidungen, Erkrankungen oder auch nach der Einnahme von Drogen. Das Stimmenhören kann dabei ganz unterschiedlich in Erscheinung treten.

Manche Menschen hören nur eine Stimme oder aber viele. Sie können von bekannten Menschen stammen oder als völlig fremd erscheinen. Auch Lautstärke, Tonalität und der Zeitrahmen, in dem die Stimmen vernommen werden, sind ganz variabel.

Zukünftig sollte über das Phänomen Stimmenhören mehr in der Öffentlichkeit berichtet werden mit dem Ziel, den Begriff zu entstigmatisieren. Dadurch können sowohl die Betroffenen als auch Personen aus ihrer Umgebung besser lernen, damit umzugehen.

www.psychiater-im-netz.org.

Die Dämonen

Scham, Schuld, Zweifel, Angst kommt scheinbar aus dem Nichts, ist einfach da. Weit gefehlt, es ist Chemie in unserem Körper, die da wirkt. Ich will es Euch erklären:

Auf der Oberfläche einer menschlichen Zelle haben wir zwischen 1000 bis 10000 Zellrezeptoren, auf der Zellmembran im Äußeren, zum Teil im Inneren und im Bereich des Zellkerns. Sie haben die Aufgabe, alle Nährstoffe, Signalstoffe, Hormone, die die Zelle im Inneren braucht, aufzufangen und entweder bis zur Zellmembran weiterzuführen oder auch durch die Zellmembran hindurchzuführen.

Die Nährstoffe oder Hormone, die durch die Blutbahn an die Zelle herankommen und dann von den diversen Rezeptoren aufgenommen werden, diese Zellrezeptoren funktionieren nach dem Schlüssel-/ Schloss-Prinzip. Das wiederum heißt, z.B. ein Calcium-Atom, was in die Zelle möchte, kann nur eine solche Form haben, die in den Calcium-Rezeptor passt.

Der Hypothalamus, eine kleine Drüse im Mittelhirnbereich, bildet, neben vielen anderen biologischen Aufgaben, sogenannte emotionale Neuropeptide = Gefühlshormone.

Wenn Ihr Euch ärgert und das fühlt, wird das Gefühlshormon „Ärger" im Hypothalamus gebildet, über die Blutbahn weitergeleitet und von einem Rezeptor aufgenommen.

Sehr viele sich destruktiv auswirkende Emotionen wie z.B. Scham, Schuld, Zweifel, Angst, chemisch ausgedrückt als Gefühlshormone, nehmen dann Eingang über solche Zellrezeptoren wie Natriumrezeptor, Calciumrezeptor, Phosphorrezeptor, Vitaminrezeptor. Sie verändern dann ihre molekular-geometrische Struktur so, dass sie exakt z.B. einem Calcium-Atom ähneln und anstelle eines Calcium-Atoms eindringen können.

Nach 2-3maliger Wiederholung passiert folgendes: Der Zellrezeptor, der ursprünglich Calcium aufgenommen hat, wird so verändert, dass er plötzlich kein Calcium mehr aufnehmen kann, aber dafür das Gefühlshormon z.B. Ärger, Scham, oder beispielsweise Schuld.

Die Zelle würde ohne das Calcium oder Magnesium absterben, weil das Gefühlshormon inzwischen die Zellrezeptoren so verändert hat, dass nur noch das Gefühlshormon eintreten kann. Die Zelle diktiert dem Menschen nach außen hin: Du musst dich jetzt ärgern oder du musst eifersüchtig sein, weil jetzt anstatt Calcium das Gefühlshormon „Ärger" hineinkommen muss, um die Zelle zu ernähren.

Die für uns wirklich wichtige Nachricht bei diesem Vorgang ist, dass die Emotion in dem Moment, in dem ein Gefühlshormon den Rezeptor passiert, nicht mehr nur Unterhaltungswert sondern Nährwert hat.

Das Gefühlshormon muss an Stelle von Calcium, Magnesium, Phosphor, Vitaminen, von Enzymen deren Nährstoff-Funktion übernehmen, kann es aber niemals ersetzen. Der Rezeptor verändert sich derart, dass nur noch das entsprechende Gefühlshormon in die Zelle kommt.

Es werden Messengerpeptide (Botenstoffe) an den Stirnlappen geschickt und es folgt eine ganze Reihe an zellulären, an neuronalen Reaktionen. Die Gefühlshormone bringen uns in Situationen, damit wir uns erst ärgern können, fürchten können, eifersüchtig sein können u.ä.

Dieser Mechanismus, der technische Vorgang gilt für alle tief oder oft empfundenen Emotionen, aber auch für Alkohol, Nikotin, alle Drogen, es besteht eine Sucht.

Epiphyse

Hypothalamus

6

7

1; 9

2

3

4

5

8

10

11

Erklärung Gefühlsring

1. Im Großhirn werden synaptische Verbindungen durch Erfahrungen, Konditionierung etc. hergestellt und mit Emotionen verbunden.
2. Die Zellrezeptoren werden durch die Aufnahme des Gefühlshormons geschädigt.
3. Die Zellen ernähren sich durch Gefühlshormon.
4. Zelle schickt Botenstoffe zum Erinnern an das Gefühl an den Stirnlappen.
5. Neues Informationspeptid korrigiert Zellschäden und genetische Schäden.
6. Epiphyse generiert Gefühle auf elektrische Weise, neues Signal.
7. Verborgene Gefühle erhöhen Massenträgheit.
8. Im Stirnlappen festgehaltenes Bild.
9. Gefühl von allen Seiten erlebt haben, zur Weisheit bringen.
10. Telomere (Endstücke der Chromosomen) werden repariert.
11. Durch Fremdenergien abgeschöpfte Emotionen.

Bei jedem einzelnen Punkt greift COBIMAX ein und lässt den eigenen Körper die schädigenden Faktoren korrigieren.

Sich ihrer selbst bewussten Emotionen nennen wir Larven, so gibt es „Angst-Larven", Eifersuchts-Larven usw. Mit Hilfe von COBIMAX können wir auch diese eliminieren.

Angst

Angst entsteht vor allem dann, wenn man seine Selbstbestimmung aufgibt. Ein Mensch, wenn er von Ängsten erfüllt ist, wird leicht zum Opfer jeder Art psychischer Beeinflussung, er verliert in diesem Moment die Verbindung zu sich selbst.

Angst vor dem Tod, Angst vor dem Unbekannten. Nicht geheilte traumatische Erfahrungen, die ein Eigenleben entwickeln und zu Dämonen mutieren, werden von Generation zu Generation weitergegeben.
Wenn sie nicht geheilt werden, wachsen sie, verbinden sich miteinander, beschleunigen und verstärken einander und entwickeln sich zu kollektiven Wesen.

Die Biologie der Angst (The Biology of Fear von Ramtha)
und der Nucleus caudatus

Angst hat einen biologischen neurologischen Platz im Gehirn. Sie ist keine Fabrikation von Emotionen, sondern vielmehr ein wissenschaftlich untersuchter Bereich im Gehirn: Nucleus caudatus.
Es ist ein tatsächlicher Ort und er regelt die Angst. Und wenn wir viel Angst haben, kennen wir keine Freude. Wir kennen Freude nur in geringen Maße, und wir können sie nie in großem Maße kennen, weil wir Angst haben.
Sie ist uns angeboren. Wir haben sie von Geburt an. Sie ist in unserem Gehirn.
Die Angst sitzt direkt unter dem Gehirnbalken, Corpus callosum. Er ist eine Brücke zwischen der rechten und linken Hemisphäre des Gehirns.
Wir haben eine Messvorrichtung. Nucleus caudatus.
Bei NC dreht sich alles um Angst. Der Grund, warum dies aktiv ist, ist, damit nicht alles, was wir denken, obwohl wir es

uns vorstellen können, geschieht. Die Information wird nie zu den Zellen unseres Körpers gelangen.

Wir hören großartige Ideen, aber da ist etwas in uns, das sie nicht durchführen wird, wir haben Angst vor ihnen. Daran ist nichts falsch! Das ist Neurobiologie.

Was wir also oben mit unseren Neuronennetzen (im Großhirn) denken, wird im Nucleus caudatus bearbeitet.

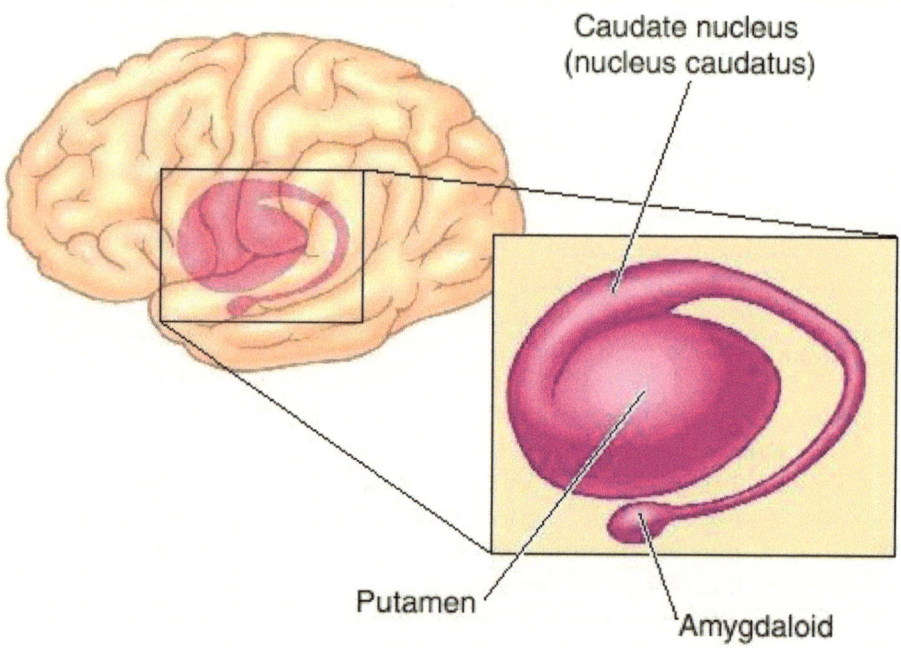

Caudate nucleus
(nucleus caudatus)

Putamen

Amygdaloid

Einige unter uns wurden mit wenig Angst geboren. Wir haben eine Menge Freude.
Habt ihr jemanden getroffen, der einfach glücklich ist? Sie machen sich nicht zu viele Sorgen. Sie sind einfach glücklich. Ein glücklicher Mensch würde nur einen kleinen Angststängel (NC) haben. Der Rest wäre weit offen für alles Mögliche: jede sich bietende Gelegenheit, ich liebe Gott, ich liebe das Leben, alles Mögliche.

Und dann gibt es die Angsthasen. Bei den Angsthasen ist alles abgesperrt. Und wir haben vielleicht einen kleinen Zehennagel offen für alles Mögliche.

Wo keine Angst vorhanden ist, haben wir Freude, denn in der Abwesenheit von Angst im Gehirn ist Freude da. Freude ist keine Emotion. Sie ist ein Seinszustand, ein Zustand des Wohlbefindens. Es ist als wäre der Ruhestand unseres ganzen Systems ein freudvoller Zustand.

Wir bekamen dieses Abgesperrte - das ist eine lange Geschichte. Es kommt von Jahrhunderten der Unterdrückung, in denen nie das Unbekannte bekannt gemacht wurde, eine Art Marionettendasein.
Wir sind uninteressiert, gelangweilt, es mangelt uns an Fokus, wir sind richtungslos. Das kommt daher, weil wir nicht wissen, was wir tun sollen.

Angst kommt vom Verfolgt werden im Leben. Menschen, die ihrer Ideen wegen verfolgt werden, Menschen, die geächtet werden, weil sie anders denken. Das kann von einer so intimen Beziehung wie der Mutter-Kind-Beziehung kommen, einer Beziehung zwischen Ehemann und Ehefrau, einer Freundschaft und von einer so großen Beziehung wie der mit der Welt oder mit Religion.

Eine Religion, die Menschen ächtet, dass sie in die Hölle kommen und verbrennen, weil sie nicht mit ihr übereinstimmen, sie kann großen Schaden im Menschen anrichten.

Es besteht also eine Angst davor, ein Individuum zu sein und sie wurde über Jahrhunderte hinweg sorgfältig erzeugt. Und sie ist uns angeboren, wir haben sie genetisch in uns.

z.B.: Man ist allein und winzig und die Welt ist riesig, und man fürchtet sich für den Rest des Lebens, vor allem, weil es einen das Leben kosten könnte.

Wir werden mit viel Angst in uns geboren und wenn man Angst hat, besteht die Tendenz, nie ein Individuum zu sein. Individuen sind furchtlos. Individuen sind die hervorragendsten Führungspersönlichkeiten, furchtlose Führer, furchtlose Lehrer, furchtlose Eltern, Sie sind die großartigsten Führungspersonen, weil sie wissen, wie man beschwingt vorankommt in der Welt.

Wenn wir vor allem Angst haben, dann ist alles eine Bedrohung, weil wir es so erschaffen haben.
Also senden wir automatisch von unserem Gehirn Mangel aus, enormen Mangel. Wir haben vor allem Angst.

Da kommt die Person daher, die ihr kennt, die furchtlos ist und erledigt die Arbeit, und es ist keine große Sache für sie, und sie riskiert es bedenkenlos und es geschah.

Weil ihre Realität auch eine Realität ist – ganz einfach. Sie manifestiert schnell und gut, weil es für sie kein Kampf ist. Sie kämpft nicht mit der Angst. Sie lebt Freude.

Massenträgheit

Bei reinen Bewegungen steht die notwendige Energie frei zur Verfügung. Bei komplizierten Bewegungen schleppt man außer dem Körper ein enormes Gewicht an mentalen Konstrukten mit sich herum. Deshalb sind manche Erfahrungen schwer zu meistern. Sie kommen immer wieder zu einem zurück, weil man die Bewegung aufgrund der mit ihr verbundenen Last der Erinnerung nicht vollenden kann.

Im Fall der traumatischen Erfahrung, die einen Erinnerungsdämon erzeugt hat, wird das Gewicht der Erinnerung zu einem aktiven Hindernis, nicht nur zu einer schrecklichen Last. Es wird zu einer merkwürdigen Kraft im Körper.

Jeder Körper hat physikalisch gesehen eine Masse und das Massenträgheitsgesetz besagt, wenn der einmal in einer Richtung ist und es gibt keine Kraft, die das beeinflusst, bleibt er in dieser Bewegung.

Massenträgheit in unserem Sinn ist eine Sache, die wir durch unser Gehirn auslösen auf unseren Organismus. Wir sind mit einem Kraftfeld verbunden, das Nikola Tesla Omnipartikel oder Omnifeld genannt hat. Diese Omnipartikel sind der Urzustand jeglicher Masse, jeglicher Energieform.

Ihr kennt euren Körper, Ihr wisst, dass es Moleküle gibt, dass es Atome gibt, Atomkerne, dass es die Atomkerne umkreisende Elektronen gibt. Aber selbst die Atome und Elektronen sind zusammengesetzt aus weiteren Partikelchen und die nannte Nikola Tesla in den Jahren 1920/30 Omnipartikel. Damals glaubte ihm niemand, was er da entdeckt hatte, aber das ist die ultimative Energie.

Aufgrund unserer permanent gedanklichen und emotionalen Haltung, lösen wir über die Epiphyse, das ist ein elektrischer Generator, ein elektrisches Torsionsfeld aus.

Das führt dazu, dass wir ständig rückkoppelnde Informationsenergie in dieses Omnifeld schicken und auf Grund dessen wird unser Körper beladen mit Omni, d.h. wir haben ständig Fluktuationen, das was wir empfinden, spüren, sorgt dafür, inwieweit wir aus diesem Feld mit Omnipartikeln versorgt werden.

„Unsere größten Schwächen sind die stärksten Gravitationsanker." sagt Ramtha. Wir lösen dadurch unnötige Schwerkraft aus auf unseren Körper, die uns schwerer macht, als wir eigentlich sein müssen.

Wir hegen momentan also Emotionen oder Gedanken, die wir in der Hauptsache unterdrücken. Ramtha nennt sie „okkulte Gedanken" – „okkulte Emotionen". In der Biologie wird etwas Verborgenes, etwas Zurückgehaltenes, etwas Nichterkanntes als okkult bezeichnet.

In unserem Sinne sind es ganz einfach Emotionen, die wir zurückhalten. Jetzt geht es nicht um unsere Emotionen, die wir ausleben und die uns süchtig machen, sondern es geht um Emotionen, die wir aufgrund der Gefährdung von Beziehungen absolut nicht aussprechen, nicht einmal vor uns selbst.

Das, wovon wir hier sprechen ist etwas, das Ihr noch niemandem gesagt habt, weder Eurem Partner oder Eurer Partnerin, weil es zum Bruch kommen könnte, es könnte Ärger geben, aus Gründen der Diplomatie. Aber gerade diese zurückgehaltenen Emotionen sind es, welche eine erhöhte Massenträgheit auf unseren Körper bewirken.

Ein interessantes weiteres Wort ist „Mikropersönlichkeit". Dies ist nichts anderes, als Emotionen, die ihr eigenes Programm in unsere Gehirnkarten hineingeschrieben haben und die über das Broca-Zentrum, das Sprachzentrum, kommunizieren, mit der Umwelt, mit Euch.

Diese Mikropersönlichkeiten sind es, die zurückgehalten werden. Gerade dieses Zurückhalten dieser Emotionen führt dazu, dass wir erhöhte Widerstandskräfte in der Bewegung unseres Körpers hervorrufen, wenn wir uns bewegen wollen, wenn wir uns beschleunigen wollen.

Es geht nicht nur um einen Arm oder ein Bein, es geht darum, wie schnell oder wie stark wird die Schwingungsfunktion der Mikrotubuli in der Beschleunigung dadurch abgebremst. Wie schnell kann das Herz dadurch abgebremst werden, weil die Energie abgeschnürt wird oder zu viel Energie geholt wird. Auch wenn wir etwas tun wollen und wir sind wie gelähmt, dann hat das mit dieser Massenträgheit zu tun.

Die Mikropersönlichkeit oder die Mikropersönlichkeiten sind die Emotionen, die so mächtig sind, dass sie immer wieder dazu führen, dass wir dies oder jenes denken.

Ramtha empfiehlt: „All diese okkulten Gedanken sollten laut ausgesprochen werden. Setzt Euch gegenüber und sprecht die verborgensten Gedanken und Emotionen aus. Das hat den Sinn, dass dadurch diese elektrische Polarität dieser Gedanken und Emotionen sofort in ein neutrales Feld kommen. Ihr solltet einfach dem anderen nur zuhören und nicht im geringsten bewerten.

Die Grundpflicht von Ramthas Schülern ist, dass sie sich gegenübersitzen und die tiefsten und schlimmsten Gedanken, die sie haben, die sie vor jedem Menschen bisher zurückgehalten haben, laut auszusprechen.

Wir machen das auf eine elegantere Weise, sodass wir durch eine genaue Ansteuerung der Emotion uns dazu bringen, dass wir diese Gedanken ebenfalls in ein sie neutralisierendes elektrisches Feld bringen. Das führt dazu, dass dieses elektrische Feld bisher unsere Masse, unsere Gravitationskraft verstärkt hat und wenn wir diese Gedanken jetzt loslassen, werden wir automatisch verblüffender Weise leichter. Wir werden das am allermeisten merken anhand unserer geistigen und körperlichen Trägheit, dass wir auf einmal einfach mobiler sind, und das ist wirklich so. Es bewirkt ein Fallenlassen der Mikropersönlichkeit und somit ein notwendiges Klären nicht mehr aktueller Beziehungen.

Das ist genau die Methode, wie wir sie handhaben, Emotionen nach außen kommen zu lassen und ohne Bewertung elektrisch zu neutralisieren. Das führt dazu, dass dieses zusätzliche Schwerkraftfeld oder diese emotionale Gravitationskraft, die auf das Schwerkraftfeld einwirkt, losgelöst wird. Der Mensch wird leichter dadurch.

Wir haben schon oft von Klienten oder Patienten gehört nach einer Abfrage: Mein Bein oder meine Arme sind so schwer, ich kann nicht aufstehen. Da wird dieses Kräftefeld massiv beeinflusst. Jedesmal, wenn wir aus diesen Kräften herausgehen, passiert nun gefühlsmäßig genau das Gegenteil.

Wenn wir einen Römheldmagen dekompensieren, d.h. der Magen hat sich über Jahre hinweg ausgedehnt und engt die

31

Lunge und das Herz ein und wir nehmen jetzt den Druck raus, fühlt sich das aber für Herz und Lunge so an, als würde er noch einmal voll in den Druck gehen.

Und genau das geschieht bei unseren Maßnahmen, wenn die Menschen sagen: Ich fühle mich jetzt so schwer. Sie werden aber nicht schwer, sie werden jetzt damit konfrontiert, dass das ein völlig unnötiger Teil der Schwerkraft war, die sie behinderte.

Also nicht der untrainierte Muskel oder zu wenig Luft in den Lungen ist verantwortlich dafür, sondern was denken sie und vor allen Dingen, welche unterdrückten Gedanken und Emotionen haben sie. Denn die sind es, die dieses starke Kräftefeld so unnötig hochtreiben, das sie träge im wahrsten Sinne des Wortes macht, in der Handlung, im Körper und Geist. Also auch die Mikrotubuli können in der Beschleunigung nicht so schnell oszillieren oder die Richtung wechseln, wie es möglich wäre.

Ich komme noch einmal auf Nikola Tesla zurück. Damals wurden die Mikrotubuli schon erkannt als wichtigste Bestandteile der Zellen. Es wurde damals anders genannt: Omni-helikal-zentrale Röhre. Er beschreibt das sehr gut. Sie hatten erkannt, dass diese Mikrotubuli oder Karbuli, wie man sie auch nennt, diese onmi-helikal-zetrale Röhren, Verbindungen zu anderen Zeiten sind, Verbindungen zu extrem schneller Zeit, Verbindungen zu Schwerelosigkeit.

Es gibt Bereiche in unserem Körper, innerhalb unserer Mikrotubuli ist Antigravitation, Schwerelosigkeit. Gravitation entsteht erst um die Mikrotubuli herum durch die Elektronen, die sie bilden. Sie entstehen praktisch und faktisch aus dem Nichts.

Deswegen können die Mikrotubuli, wenn wir entsprechende Anweisungen an die Mikrotubuli geben, aus dem Nichts durch

Elektronendifferenzierung Stoffe erzeugen. Es verbinden sich Elektronen miteinander, hinzugefügt, weggenommen, und wir haben plötzlich einen Stoff, der vorher nicht da war.

Der alteingesessene Physiker würde sagen, dass das Zauberei wäre, dass es so etwas nicht gibt. Aber diese Mikrotubuli können das. Das wusste man schon zu Teslas Zeiten 1920/30. Das kam nie an die Öffentlichkeit, weil das dazu führte, dass der Mensch Macht über seine Gesundheit bekommt.

Krankheiten sind das Mittel, mit dessen Hilfe der Organismus versucht, das Trauma auf eigene Faust zu bekämpfen.

Infrarotfrequente Verstorbene, Archonten und andere Fremdenergien

Es können auch Fremdenergien sein, die unsere Traumata hervorbringen.

Infrarotfrequente Wesen bezeichne ich als momentan Verstorbene, ehemals Menschen oder auch andere, wie z.b. Tiere. Wenn wir das Gefühl haben, unser Leben nicht mehr im Griff zu haben, geschäftliche Aktivitäten schief laufen, finanzielle Probleme gegenwärtig sind, extreme Probleme im Umfeld auftauchen, man sich unheimlich energielos und matt fühlt, ohne wirklich krank zu sein, dann sind meistens Fremdenergien im Spiel.

Auch hier hat COBIMAX Programme, die hilfreich sind, diese zu vertreiben.

Während eines Lehrgangs erzählte eine Teilnehmerin, sie ist Heilpraktikerin, dass seit einiger Zeit kaum noch Klienten zu ihr kommen. Auf meine Frage, ob denn jemand in der letzten Zeit von ihrer Familie verstorben sei, antwortete sie mit „Ja, meine Großmutter."

Als wir sie mit einem COBIMAX-Satz von der Besetzung befreiten, fing auf einmal eine andere Teilnehmerin zu husten. Auch hier wendeten wir den Satz an. Da gähnte plötzlich ein anderer Teilnehmer ohne Unterlass. Da war uns klar, dass die Großmutter nicht gehen wollte und einfach einen anderen Körper suchte, an dem sie sich festsetzen kann. Auch hier wiederholten wir energisch die COBIMAX-Abfrage und die Großmutter verschwand.

Inkarnationen

Wir selbst können aber auch unser eigener Dämon sein, wenn wir Traumata in unseren vorhergehenden Inkarnationen erlebt haben. Es kam eine Klientin, die einen unsagbaren Widerstand gegen Gold hatte. Ihr Vater hatte eine Goldmünzen-Sammlung, die er gerne zeigte.

Jedes Mal musste sie aus dem Zimmer gehen, weil es ihr den Hals zuschnürte und sie Erstickungsanfälle bekam, wenn sie die Münzen sah. Eine Sitzung brachte es an den Tag: Sie war in einer früheren Inkarnation ein reicher Kaufmann, der sein Gold in Sicherheit bringen wollte. Er fuhr mit einer Kutsche durch den Wald und wurde von Räubern überfallen. Sie raubten ihm sein ganzes Gold und knüpften ihn am nächsten Baum auf.

Altvordere

Häufig setzt sich dieses Traumamuster durch Vererbung über Generationen fort, das vielleicht schon vor sehr langer Zeit bei einem Vorfahr durch eine unerträgliche Verletzung entstanden ist.

Wenn sich eine Verletzung in den Genen niedergeschlagen hat, agieren diese anders und verzerren die Erinnerung. Es entsteht eine Lücke in der Erinnerung, der Dämon nistet sich, unbemerkt von unserem Bewusstsein, ein.

Altvordere, unsere Ahnen, sind aus Sicht des Kleinhirnbewusstseins, des UV-Licht-Bewusstseins, lebende Menschen, die wir aus unserer Sicht der Zeit als ehemalige Vorfahren von uns bezeichnen, die aber aus Sicht des Kleinhirns trotzdem noch leben und wir können mit denen noch interagieren.

Unsere Taten sind für das Wohlergehen von sieben Generationen vor uns und sieben Generationen nach uns verantwortlich, so sagt zumindest die Tradition der nordamerikanischen Indianer.

Wir sprechen den initialen Altvorderen direkt an, mit der Vorgabe des Problems, acht Wochen vor Zeugung des nächsten Verwandten, und der Mensch, den dieses Problem noch heute quält, reagiert mit den verschiedensten Symptomen.

Wir sprechen denjenigen Vorfahren an, der das Problem in die Welt gesetzt hat und es korrigiert sich durch die ganze Ahnenreihe hindurch, bis zum heutigen Tag und wird auch nicht mehr die folgenden Generationen belasten.

Um geboren zu werden, brauchen wir:
2 Eltern
4 Großeltern
8 Urgroßeltern
16 Ururgroßeltern
32 Urururgroßeltern
64 Penta-Großeltern
128 Hexa-Großeltern
256 Hepta-Großeltern
512 Octa-Großeltern
1024 Enea-Großeltern
2048 Deca-Großeltern

Allein die Summe der letzten 11 Generationen brauchte 4.094 Ahnen, und das alles in ungefähr 300 Jahren, bevor du oder ich geboren wurden.

Nimm dir einen Moment Zeit und überlege:
- Wo kommst du her?
- Wie viele Kämpfe hast du gekämpft?
- Wie oft warst du hungrig?
- Wie viele Auseinandersetzungen hast du erlebt?
- Wie viele Wechselfälle haben unsere Vorfahren überlebt?

Andererseits, wie viel Liebe, Kraft, Freude und Ermutigung haben sie uns hinterlassen?
Wie viel von ihrer Überlebenskraft hat jeder von ihnen in uns gelassen, damit wir heute leben.
Wir existieren nur dank allem, was jeder von ihnen durchgemacht hat.
Dies alles sollte ein Anlass sein, unsere Vorfahren zu ehren!

Netzfund

Die Seele

RAMTHA: *"Euer Körper ist ein Gefährt für eure Seele, die durch euch channelt. Wenn eure Seele euch zu ihrem Channel macht und euer Gehirn feuern lässt, erschafft sie selbstständig aus sich heraus Realität. Das ist der Grund, warum die Seele in eurem Leben eine Situation hervorbringen kann, die euren Wünschen entgegengesetzt ist.*
Was euren Wünschen entgegengesetzt ist, ist meistens schierer Informationsmangel eurerseits. Die Seele kann Umstände erschaffen, die sie braucht, um den Körper in Nöte zu bringen. Wenn der Körper diese Erfahrung hat, hat die Seele die Substanz dieser Begegnung erlangt und Ihr seid frei!
Dies ist die Sprache der Seele."

„Meine körperlichen Schmerzen sind seelische Schmerzen", so lautet eine COBIMAX-Abfrage bei Menschen, die nicht auf körperliche Themenabfragen reagieren.

Die Erfahrungen, die ich, Ulrike, mit COBIMAX während etlicher Monate intensiver Begleitung von Klienten, zu einem mir bis vor einem Jahr noch völlig unvertrautem Thema, gemacht habe, hat meine Sichtweise und meine Arbeitsstrukturen sehr stark verändert. Deshalb möchte ich hier darüber berichten.

Innerhalb der vergangenen Monate begegnete mir immer wieder einmal das Wort Seelenverlust, wie eine Aufforderung diesem Thema meine Aufmerksamkeit zuzuwenden. Und so tat ich dies; las verschiedene Bücher, sah diverse Videos und unterhielt mich direkt mit einer Schamanin, der ich für ihre wertvollen Tipps sehr dankbar bin.

Ich weiß nicht wie es euch geht, aber ich verband Schamanismus noch bis vor nicht allzu langer Zeit mit

Trommelei von etwas abgedrehten Leuten. Den Begriff Schamane hört oder liest man gelegentlich - was sich jedoch hinter einem Schamanen verbirgt, wissen nur die wenigsten. Und in der Tat ist eine genaue Definition eines Schamanen schwierig, weil sich die Personen häufig selber unterschiedlich sehen.

Ein Schamane ist vor allem Vermittler zwischen der materiellen Welt und der feinstofflichen Welt. Typischerweise begibt er sich während eines Rituals mithilfe von tranceinduzierenden Techniken in einen Trancezustand. Dazu bedient sich der Schamane monotoner Geräusche. Das können sich ständig wiederholende Naturgeräusche ebenso sein wie gleichartiges Summen oder das gleichmäßige Schlagen auf eine Trommel. Intensive Trancezustände werden teilweise auch beschleunigt herbeigeführt durch den Gebrauch berauschender Substanzen und speziell durch halluzinogener Pilze. Mit Erreichen eines höheren Bewusstseinszustandes übernehmen Schamanen Aufgaben wie z.B. Heilen, Weissagung, Kontakt mit den Ahnen, Beeinflussung der Elemente oder Seelenrückholung.

Wenn ein Teil unserer Seele uns verlässt und in die andere Welt flieht, ohne zurückzukehren, spricht man von einem Seelenverlust. Dies ist normalerweise auf irgendeine Form von Trauma zurückzuführen, sei es physisch oder emotional.

Seelenverlust ist ein Schutzmechanismus, er dient dem Schutz unserer Psyche vor weiteren Verletzungen. Eigentlich sollte der Seelenanteil nach ein paar Stunden oder wenigen Tagen automatisch zurückkehren. Oft bleibt diese Rückkehr jedoch aus.

In diesen Fällen ist das Seelenstück dauerhaft in der Anderswelt verloren gegangen und kann oder will nicht zurückkehren.

In der Regel tritt Seelenverlust durch eine Verletzung, Schock und/oder Trauma auf. Einsamkeit, Mangel an Anerkennung und Würdigung, Mobbing, Gewalt jedweder Art (auch wenn sie nur als Zuschauer erlebt wird) und Mangel an Liebe sind häufige Faktoren. Allerdings ist dies natürlich sehr stark von dem eigenen subjektiven Empfinden abhängig. Kinder sind am anfälligsten für Seelenverlust, da sie verletzlicher sind als Erwachsene und noch mehr mit der Welt des Geistes oder der anderen Welt verbunden sind.

Häufig auslösende Faktoren sind:
* Erlebnisse bei denen Leib und Leben bedroht waren
* (Sexueller) Missbrauch
* Verlust einer geliebten Person / Trennung / Tod
* Nahtoderfahrungen / Suizidgedanken und -versuche
* Schockzustände
* Exzessiver Drogenmissbrauch
* Operationen / Vollnarkose / Koma
* Probleme in der Schwangerschaft oder bei der Geburt
* Körperliche oder seelische Misshandlungen
* Starke Verlusterfahrungen

Woran ist ein Seelenverlust erkennbar? Man fühlt sich vielleicht abgetrennt, leer, ziellos, unfähig Liebe zu fühlen und/oder zu geben, spürt einen Verlust an Lebendigkeit und der Fähigkeit Freude und Glück zu empfinden oder hat starke unerklärliche Ängste usw.. Manchmal zeigt sich ein Rückzug, eine Isolation um ja weitere Verletzungen und Traumata zu vermeiden. Generell gibt es einen Verlust an Urvertrauen in das Leben und die Leichtigkeit des Seins.

Nicht selten erleben Betroffene tiefe Depressionen und Selbstmordgedanken. Typisch ist auch ein Gedächtnisverlust an entscheidende Jahre aus der frühen Kindheit.

Und oft haben Menschen mit einem Seelenverlust auch in bestimmten Persönlichkeitsbereichen Probleme sich zu entwickeln, weil die dazugehörigen Potenziale mit dem Seelenanteil gegangen sind.

Egal wie, eine Seele strebt nach Ganzheit und Wachstum. Ist sie nicht vollständig, so ist die Seele nicht in ihrer vollen Kraft. Sie will diesen Zustand ändern und versucht darauf aufmerksam zu machen.

Wie kann man sich solch einen Seelenverlust vorstellen? Durch ein Trauma entscheidet sich ein Teil der Seele zu fliehen. Dieser Teil ist quasi wie ein Ebenbild des Betroffenen zu dieser Zeit.

Das verlorene Stück der Seele nimmt auch ein Stück des Energiekörpers mit und hinterlässt ein dauerhaftes Loch in der Aura. Dies kann von versierten Heilern kurzzeitig verschlossen werden, aber es wird sich immer wieder zeigen und öffnet weiterer Schädigung Tür und Tor.

Die meisten Menschen, die Seelenanteile verloren haben, leiden bei Kontaktaufnahme mit einem Therapeuten bereits unter körperlichen Krankheiten oder emotionalem Stress, weil die verlorenen Teile ihrer Seele danach verlangen, anerkannt und wieder aufgenommen zu werden, bzw. ihre Qualitäten fehlen.

Mit der Methode COBIMAX ist eine Rückkehr verlorener Seelenanteile möglich. Für gewöhnlich braucht dies mehrere Therapiesitzungen. Es ist eine sehr komplexe Angelegenheit. Oft fehlen gleich mehrere Seelenanteile. Mit COBIMAX kommt nur alles in der Quantität und Qualität zu uns, wie es zu unserem Wohle dient. Jede Rückholung braucht eine vorbereitende Reinigung, Auflösung von Generationslasten und Traumata. Dasselbe ist erforderlich nach erfolgreicher Rückholung von Seelenanteilen, denn diese bringen teilweise eine gewaltige Ladung an Stressemotionen etc. mit.

Generationslasten meint an dieser Stelle all das, was uns in dieser Inkarnation an Einflüssen vorangegangener Inkarnationen und oder von Seiten unserer Ahnen negativ beeinflusst. Dazu zähle ich Verdammnisse, Flüche, Versprechen, Verträge, Abkommen, Eide, Schwüre und Karma. Dies können wir als COBIMAX-Anwender dauerhaft auflösen.

Seelisches Trauma (oft im Zuge schrecklicher Ereignisse), kommt in der Regel unerwartet und bringt Erfahrungen von extremer Angst, Kontrollverlust und Ohnmacht mit sich. Zunächst ist es oft schwer solche Situationen „extremer" Hilflosigkeit zu verarbeiten. Wenn die Bewältigungsmechanismen nicht ausreichen, um mit einer extremen Situation umgehen zu können, kommt instinktiv der Impuls entweder zu fliehen oder zu kämpfen. Ist beides nicht möglich, erscheint die Situation ausweglos. In der Regel spricht man nach dem Erleben einer solchen Situation von einem seelischen Trauma und geht davon aus, dass die durchlebte Extremsituation weiteres Erleben und Verhalten stark beeinflussen kann.

Wenn ein Seelenanteil in der Kindheit abgespalten wurde, wird das kleine Kind das zurückgeholt wird, nicht einfach spontan erwachsen werden. Sobald dieser Teil der Seele zurückgewonnen ist, braucht sie Hilfe um zu reifen und mit dem Gefühl der Sicherheit aufzuwachsen. Auf jeden Fall braucht dies alles Begleitung und fortführende Arbeit, unter anderem mit Chakren und Drehpunkten - quasi als Filter und Schutzschild energetischer Einflüsse.

Zum Thema Chakren gibt es umfangreiche Literatur, daher möchte ich an dieser Stelle nur kurz darauf eingehen: Chakren haben vor allem in der hinduistischen Lehre eine hohe Bedeutung. Chakra bedeutet ‚Rad' auf Sanskrit. Im Allgemeinen bezeichnen sie runde Energiezentren mit dazwischen liegenden Energiekanälen. Sie sind die

Verbindungspunkte zwischen dem physischen Körper und den subtilen Energiekörpern. Chakras sind heutzutage im Westen besonders als die sieben Chakras entlang der Wirbelsäule bekannt. Sie korrelieren mit dem parasympathischen, sympathischen und vegetativen Nervensystem. Der Mensch hat viele Chakras, nicht nur sieben Chakras, sondern jedes Energiezentrum ist letztlich auch ein Chakra.

Mit Beginn des 20.Jahrhunderts begannen wissenschaftliche Untersuchungen und Messungen (mittlerweile existieren auch grafische Darstellungen), die nachweisen, dass der Mensch tatsächlich Energiefelder bzw. -zentren besitzt, die veränderbar und beeinflussbar sind und in direktem Bezug bzw. in der Wechselwirkung zum physischen und psychischen Befinden stehen. Die Chakren können blockiert sein, ihre Ausrichtung und Kraft gemindert und somit auch die Energiekanäle an sich gestört sein.

In meinem Dialog mit einer Schamanin wurden mir außerdem „Drehpunkte" mit ähnlichen Funktionen wie die Chakren beschrieben. Von diesen soll es 24 Stück geben, von den Fußsohlen beginnend bis zum Schädel. Sie alle sollen im positivsten Fall eine Rechtsschwingung aufweisen und verändern diese Schwingung mit dem Auftreten negativer Einflüsse jeder Art.
Als COBIMAX-Anwender lohnt es sich durchaus, ein wenig mit Ansagen zu Chakren und Drehpunkten zu experimentieren.

Enorme Veränderungen sind nach einer Seelenrückholung möglich, da nun wieder die volle Seelenkraft und Seelenenergie zur Verfügung steht. Trotzdem braucht es Zeit und es ist von Vorteil wenn eine Vertrauensperson, Familie oder Lebenspartner an der Seite steht und um das Thema weiß. Aus einer Person, die nichts und niemandem vertraut, kann so plötzlich ein Mensch mit einem schier unerschütterlichen Vertrauen in alles Gute werden, ausgestattet mit einem Glauben in die gesicherte eigene

Unversehrtheit - ganz gleich in welcher riskanten Situation man sich befindet. Das kann das persönliche Umfeld durchaus verwundern und zu teilweise skurrilen Situationen führen.

Ebenso kann es passieren, dass Personen die bis dato völlig antriebslos und introvertiert waren, nach einer erfolgreichen Seelenrückholung plötzlich ungeheuer abenteuerlustig und kommunikativ sind. Eine Integration von Seelenanteilen kann mehrere Monate dauern. Jede Seele sendet die Signale und sucht die Situationen, die sie braucht, um zum Beispiel wieder ein Gefühl von Liebe und Anerkennung zu etablieren. Dies kann mit COBIMAX stark beschleunigt werden.

Nach etlichen Monaten Begleitung von Klienten zur Seelenrückholung mit COBIMAX, bin ich nun dazu übergegangen diese Thematik stärker zu gewichten. Auch bei völlig anders gelagerten, vom Klienten benannten Problemen, gehe ich nun nach Möglichkeit immer recht schnell eine umfassende Auflösung von Traumata, Generationslasten und eine Abklärung bezüglich des Seelenheils an. Nach meinen Erfahrungen erübrigt sich dann vieles an weiterführender Arbeit bezüglich körperlicher Beschwerden, Ängsten, Emotionen und Zweifeln.

Das Kleinhirn

„Die Asymmetrie zwischen den Funktionen der rechten und linken Gehirnhälften wurde überwunden durch das Vorhandensein einer dritten Kraft, die in der Lage war, ihre Beziehung und Kommunikation miteinander zu koordinieren, das Kleinhirn.

Zwar laufen in diesem Teil des Gehirns die meisten Nervenenden zusammen, dennoch wird das Kleinhirn von der Schulmedizin lediglich als ein Organ für die Koordination des Bewegungsapparates betrachtet.

Natürlich ist das Kleinhirn zuständig für den äußeren Bewegungsapparat, aber ebenso ist es beteiligt an der Organisation innerer Prozesse. Und das beinhaltet auch die Vorstellungskraft, die Träume, die Erinnerungen." Dies schreibt Olga Kharitidi in ihrem Buch Samarkand.

Wir wissen, dass das Kleinhirn noch zu viel mehr in der Lage ist. Es klingt fast "wie zaubern", wenn durch "cobimaximierte (zeitbeschleunigte) Gedanken", sofort spürbare Körperkorrekturen angestoßen werden.

Die physikalische Ebene wird in der Sekunde 42 mal immer wieder neu aufgebaut. Euer physischer Körper wird in der Sekunde 42 mal immer wieder neu aufgebaut.

Quantenphysiker wie Stuart Hameroff und Roger Penrose sagen, dass unsere Realität über sogenannte Mikrotubuli permanent aufgebaut wird und wieder zerfällt. Dieser Vorgang nennt sich OOR, Orchestrierte Objektive Reduktion. Diesen Vorgang macht sich COBIMAX zu nutze.

Das Kleinhirnbewusstsein überprüft 42 mal in der Sekunde den Inhalt des Großhirns, alles was Ihr von Euch denkt, alles was Ihr glaubt. Wenn Ihr dran glaubt, dass Ihr ein

Magengeschwür habt, dann wird das 42 mal in der Sekunde aufgebaut, wenn Ihr glaubt, dass Ihr Bakterien habt, dann wird das 42 mal in der Sekunde aufgebaut.

Der Bauplan, um neu zu erschaffen, ist schlichtweg das, was Ihr im Großhirn gespeichert habt. Wir können jetzt mit COBIMAX, d.h. wenn wir Anschluss haben an das Kleinhirnbewusstsein, in einer zweiundvierzigstel Sekunde ein neues Programm in das Großhirn einsetzen.

Das Kleinhirn ist für uns jetzt wichtig.
Dieses Kleinhirnbewusstsein ist etwas Gigantisches, und Ihr habt Macht, das könnt Ihr Euch nicht vorstellen. Über unser Wachbewusstsein definieren wir unsere Persönlichkeit, unsere Ich-Persönlichkeit. Also das heißt, hier im Großhirnbewusstsein sind wir alle verschieden, der Inhalt und die Fähigkeit dieses Kleinhirns ist in Milliarden Menschen überall exakt das Gleiche.

Menschen sind schon immer, von Geburt an, verlinkt und vernetzt untereinander über dieses Kleinhirnbewusstsein. Dieses Kleinhirnbewusstsein zeichnet jeden Gedanken auf, jedes Gefühl, alles, was je gedacht, alles, was Ihr je gedacht habt und übermittelt es an den Rest der gesamten Menschheit, d.h. an Milliarden Menschen. Es werden alle Informationen ständig ausgetauscht. Das ist unvorstellbar. Ihr glaubt, das kann Euer Gehirn nicht? Das Kleinhirn kann es. Und wir können Technologien, alles Mögliche, vom Kleinhirn nach oben zum Großhirn herunterladen.

Was COBIMAX macht: Wir holen Wissen vom Kleinhirn ins Großhirn, können das aber nicht in einem kompletten Komplex herunterladen, denn Ihr würdet wahnsinnig werden, Ihr würdet umfallen und nie mehr aufstehen.

Deswegen macht COBIMAX folgendes: Es lädt selektiv Dinge, die wir haben wollen, hier hoch ins Großhirn und lässt sie hier zur Realität werden in unserem physischen Körper.

Das Kleinhirnbewusstsein ist ein autonomes Bewusstsein. Es ist ein absolut objektives, nicht-emotionales Bewusstsein. Es ist nicht subjektiv. Subjektiv ist dieses Großhirn-Bewusstsein, denn es ist emotional, aber Ihr könnt nicht, entweder durch Vorsatz, ungewollt oder durch Dummheit vorsätzlich oder nicht vorsätzlich einen anderen Menschen mit dieser Methode verletzen. Dies ist nicht möglich.

Dieses Kleinhirn-Bewusstsein sieht jeden einzelnen Menschen als eine Zelle seines Körpers. Nun stellt Euch einmal vor, was das für ein gigantisches Bewusstsein sein muss, was jedem Menschen zwar die Freiheit gibt, zu machen, zu tun, was er will, aber er ist trotzdem verlinkt mit allen Menschen.

Dieses Kleinhirnbewusstsein arbeitet in einer anderen Frequenz. Folglich läuft hier die Zeit auch schneller ab. In Eurem Bewusstsein im Kleinhirn existieren alle Menschen gleichzeitig. Sie sind gleichzeitig tot und gleichzeitig am Leben.

Wenn einem Vorfahren, männlich oder weiblich, etwas schlimmes Emotionales widerfahren ist, dieses Ereignis genetisch gespeichert wurde und genetisch weitergereicht wurde durch die Generationen, so mag dieser Mensch aus unserer Sicht, aus der Sicht unseres Großhirnbewusstseins, tot sein, im Kleinhirnbewusstsein existiert er immer noch.

Wir gehen vom Großhirnbewusstsein aus mit einer verbalen Menüführung und geben dem Kleinhirnbewusstsein den Auftrag, die Person, der gerade dies oder jenes widerfahren ist, zu suchen und dort das entsprechende Thema zu korrigieren.

Obwohl die Person dann, um die es geht, die noch lebt und vielleicht gerade vor mir sitzt, die ich jetzt gar nicht namentlich benannt habe, die heftigsten Reaktionen hat, weil ich einen Vorfahr von ihr gerade anspreche. Das hört sich wirklich abgefahren an, es funktioniert aber. Wir haben Zugang dazu.

Dieses Kleinhirn bietet Optionen und Möglichkeiten, die gehen ins Phantastische hinein, aber stellt Euch vor, was das alles machen kann. Dieses Kleinhirn ist bei Euch allen, überall, das Gleiche, besitzt die Möglichkeit und Fähigkeit alle Lebewesen miteinander zu vernetzen und dort Einfluss darauf zu nehmen. Deswegen heißt COBIMAX nicht nur Therapieverfahren, sondern Kommunikations- und Therapieverfahren.

Das ist nichts neu Entwickeltes, sondern etwas, womit wir auf die Welt kamen und leider auf Grund der Unwissenheit, wir haben leider recht viel Unwissenheit, ging in der Biologie viel Wissen verloren.

Das Kleinhirn hat Zugang und Zugriff auf die Steuerung des UV-Lichtes in unserem Körper. Und die Frequenz dieses Ultraviolett – Lichtes ist der Bauplan Eurer Mikrotubuli. Die Frequenz dieses Lichtes lässt beispielsweise diese Mikrotubuli in einer bestimmten Frequenz oszillieren, schwingen.
Wir brauchen für COBIMAX alle drei Gehirnteile, Großhirn, Mittelhirn und Kleinhirn.

Im Großhirn wird nur Menüführung oder Befehlsgebung ausgeführt, aber ganz andere Gehirnteile werden durch COBIMAX aktiv.

Dieses Gehirnteil, rechte und linke Gehirnhälfte, hat die Aufgabe, dass es das Überleben unseres physischen Körpers auf dieser Ebene, dieser Zeitebene sichert. Die primäre Aufgabe ist also aufzupassen, ob wir genug zu essen haben, zu trinken, komme ich nicht in eine Schlägerei, gehe ich jetzt nicht über die Straße, wenn da drei LKWs kommen, habe ich meine Rechnungen bezahlt, dafür ist das Großhirn zuständig und absolut notwendig.

Unser Ich-Bewusstsein hat es gelernt, dass wir uns reduzieren, unser Ich reduzieren ausschließlich auf dieses Gehirnteil. Das mag o.k. sein, aber das ist nicht die ganze Welt. Es gibt noch wesentlich mehr.

Benennen wir jetzt mal das Großhirn als Statische Intelligenz. Dieses Gehirn besitzt nur die Fähigkeit, die Kapazität, eigene nichtautonome Abläufe vorwiegend zu steuern, mein Sprechen, meine Sinne kann ich steuern z.T., wenn ich will, meine Bewegungen, aber mehr kann ich nicht machen. Wenn ich im Äußeren etwas tun will, muss ich Anweisungen geben, d.h. diese Intelligenzform ist im Großhirn gefangen, sie kann nicht nach außen. Hier geht's maximal bis an die „Nussschale" und dann geht's wieder zurück.

Das Kleinhirn benennen wir als Dynamische Intelligenz. Diese Intelligenzform hat keine Absperrung. Diese Intelligenzform hat die Möglichkeit überall hin auszutreten, und kann das über bestimmte Sende- und Empfangsteile machen. Im Mittelhirnbereich liegt die Hypophyse und diese besitzt die Fähigkeit, elektromagnetische Wellenlängen zu erzeugen, diese zielgerichtet auf eine Person zu lenken, wobei wir im Äußeren noch nicht einmal wissen, wo sich diese Person gerade aufhält.

Ich spreche ein Wort aus, Ihr versteht das Wort, weil Ihr die gleiche Sprache gelernt habt und weil wir die gleiche Sprache nutzen. Dieses Wort, was ich ausspreche, kommt bei Euch im Ohr an als akustisches Signal , wird umgewandelt in ein elektrisches Signal und dieses wird aufgrund der Verknüpfungen, alles was Ihr gesammelt, was Ihr je gelernt, gesehen, empfunden habt, gleichsam verbunden mit dem Stirnlappen.

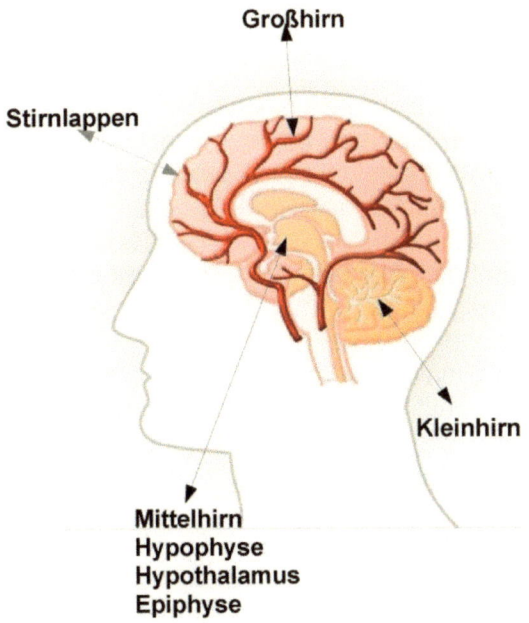

Großhirn

Stirnlappen

Kleinhirn

Mittelhirn
Hypophyse
Hypothalamus
Epiphyse

Schematische Darstellung eines menschlichen Gehirns

Euer Stirnlappen ist etwas, was uns von den Affen unterscheidet. Es ist ein bildgebendes Gehirnteil. Hier wird alles, was ich zu Euch spreche in Bilder umgeformt, deswegen könnt Ihr mich verstehen. Deshalb funktioniert Sprache, weil wir einen Stirnlappen haben, der letztendlich die Kommunikationssignale umwandelt in Bilder.

So hat unser Großhirn eine direkte Verbindung zu unserem Stirnlappen.

Wenn Ihr abends ins Bett geht, spätestens um halb zwölf, und Ihr macht die Augen zu, dann beginnt Eure Epiphyse und Teile Eurer Augen Serotonin, das Wachhormon oder Wach-Neurotransmitter umzuwandeln in Melatonin.

Zwei bis zweieinhalb Stunden Vorlaufzeit braucht Melatonin um in die eigentlich wichtige Kommunikationsdroge umgewandelt zu werden, und das ist Pinolin. Pinolin ist relativ unbekannt, aber Pinolin beginnt dann, wenn Ihr schlaft, wenn Ihr im Tiefschlaf seid, im sog. Rapid-Eye-Movement-Schlaf, und zwar exakt zwischen halb zwei und drei Uhr schlaft, Winterzeit, das Großhirn zu überschwemmen.

Das Großhirnbewusstsein wird also in Pinolin eingetaucht, eingehüllt , aus dem Grund, dass Euer Kleinhirnbewusstsein elektrische Signale ins Großhirn sendet, die verstanden werden müssen. Pinolin wandelt elektrische Signale um in bildgebende Signale. Ihr nennt das schlichtweg einfach „Traum". Die Träume exakt in der Zeit zwischen halb zwei und drei Uhr haben unwahrscheinliche physische wie psychische Korrekturaufgaben.

Wenn wir mit COBIMAX arbeiten, dürfte den meisten schon aufgefallen sein, dass mindestens die Hälfte aller Reaktionen ein häufiges Gähnen ist, weil hierbei im Wachzustand sehr viel Pinolin ausgestoßen wird. Das Interessante dabei ist, wenn wir mit COBIMAX arbeiten, müssen andere Menschen, die den

Gähnenden beobachten, nicht reflektorisch mitgähnen.

Unser Kleinhirn hat also auch einen eigenen Zugang, seine eigene Kommunikationsform zum Stirnlappen. Es kann über das Großhirn Bilder zum Stirnlappen aufbauen, es muss aber nicht über das Großhirn gehen.

Wir COBIMAX-Anwender sagen beispielsweise jetzt: Magenschleimhautentzündung. Mehr müssen wir gar nicht sagen, dann bedeutet das, wir schicken das Bild ans Kleinhirn, dieses überprüft, ob eine Magenschleimhautentzündung vorhanden ist. Wenn dies der Fall ist, setzt das Kleinhirn über unseren Stirnlappen ein Bild ein, im Wachbewusstsein, dass keine Magenschleimhautentzündung vorhanden ist. Es werden einfach nur Bilder ausgetauscht.

Die Pixel, die das Kleinhirn hochschickt, sind wesentlich höher und feiner, als das was unser Wachbewusstsein an den Stirnlappen schickt.

Wir haben also zwei unterschiedliche Gehirnteile, die den Stirnlappen bedienen können und die Realität im Wachbewusstsein erzeugen können. Das Wachbewusstsein selbst erzeugt Realität, indem es Wahrnehmungen macht, Erfahrungen macht, die über den Stirnlappen gespeichert werden.

Das Kleinhirnbewusstsein selbst kann aber über das, was im Großhirn gespeichert ist, neue Bilder über Eure Vergangenheit legen. Ihr sagt, ja das ist mir doch in meiner Vergangenheit passiert, dann sag ich, ja, das stimmt, aber wenn du daran festhältst, weil du glaubst, es müsse so sein, dann ist es nun mal so. Aber Ihr habt über Euer eigenes Kleinhirnbewusstsein die Möglichkeit Vergangenheit, Zukunft, alles Mögliche zu verändern.

Noch einmal zu Eurem Kleinhirnbewusstsein: Es lebt in einer völlig anderen Zeit. Für Euer Kleinhirnbewusstsein sind alle

Menschen zur gleichen Zeit am Leben und zur gleichen Zeit tot. Vergangenheit ist nicht zwingend statisch. Durch unsere Methode besitzen wir die Fähigkeit Vergangenheit zu verändern.

Wir können Technologie in unser Wachbewusstsein herunterladen aus der Zukunft, wir können danach fragen. Bekomme ich irgendetwas herein, was die Technologie der Zukunft ist, irgendwelche Energiesparmaschinen oder irgendwelche Heilungsmechanismen aus der Zukunft oder aus der Vergangenheit, kann ich das nutzen. Das Kleinhirn-Bewusstsein besitzt diese Fähigkeit.

Das Kleinhirn hat sehr viele Fähigkeiten. Außer Zeit zu manipulieren hat es die Fähigkeit, Stoffe umzuwandeln, Mikroben zu eliminieren, neue Zellen wachsen zu lassen.

Wenn Ihr Zugang zu Eurem Kleinhirnbewusstsein habt, habt Ihr automatisch den Schlüssel zu jedem anderen Menschen. Nicht nur zu jedem Menschen, auf Tiere, auf Pflanzen wirken wir genauso ein.

Wir müssen nichts beweisen, wir haben nichts zu fürchten. Wir müssen einfach nur sein und uns als Teil des Ganzen fühlen!

Was ist COBIMAX?

Die „Communikations- Biologische Matrix", kurz „COBIMAX", wurde von Bernd Laudenbach im Jahr 1998 entwickelt. Es handelt sich hierbei um ein Kommunikations- und Therapieverfahren, das es ermöglicht, eine große Vielfalt an körperlichen sowie emotionalen Erkrankungen anzugehen. Ohne Hypnose, ohne Meditation, ohne maschinelle Hilfsmittel. Hier ist ein Weg zur Selbsthilfe und Selbstheilung offen. Denn genau so will COBIMAX verstanden werden: das Wissen über die Krankheitsursache aus dem eigenen Kopf des Menschen, die heilende Kraft aus dem eigenen Körper, genau das ist der Schlüssel zum Erfolg dieser Therapie. Seit 2005 wird COBIMAX auch in Lehrgängen weitergegeben, zur Eigenanwendung oder zur Anwendung in der therapeutischen Praxis.

COBIMAX® macht's möglich!

Bernd Laudenbach, COBIMAX-Initiator, und zwei andere COBIMAX-Ausgebildete steckten ihre Köpfe zusammen und fingen an, der Vision von einer anderen Dimension Gestalt zu geben. Heraus kam www.connectdoor.de, der Zugang zum Universum von Cen-Tooh, dem kleinen Zauberer mit der dicken Knollennase. Zu ihm kommen Besucher aus zahlreichen Universen, um Rat für die verschiedensten Probleme zu holen. Bernd Laudenbach hat Cen-Tooh zum Leben erweckt und nun kann jeder Besucher direkt Cen-Tooh's „Zauberkräfte" in Anspruch nehmen. Hiermit hat nun auch jeder Mensch die Option, völlig eigenständig seine Anliegen zu bearbeiten.

Fassen wir zusammen:
COBIMAX (Communikations-Biologische Matrix) ist also ein Kommunikations- und Therapieverfahren, das es ermöglicht, bei Mensch, Tier und Pflanze eine große Bandbreite unterschiedlichster „Krankheiten" auf körperlicher und emotionaler Ebene anzugehen.

Es funktioniert ohne maschinelle Hilfsmittel oder computer-gestützte Programme und richtet sich an die individuellen körperlichen und emotionalen Ebenen. Es erkennt jegliche Fehlfunktionen und aktiviert umgehend die Selbstheilungskräfte.

Es ist ein mentales Verfahren, das den Anwender/ Therapeuten befähigt, mit Hilfe seines Kleinhirnbewusstseins Zugang zum autonomen Nervensystem des Patienten zu bekommen. Dieses Kommunikationswerkzeug reduziert alle Sprachen der Welt auf ihre elementare Funktion: die Erzeugung von Bildern (Hologrammen) durch das Gehirn.

Nach Ansichten der Quantenphysik (Roger Penrose, Stuart Hameroff) reproduziert sich unser biologischer Körper in etwa 42-mal pro Sekunde. Diese Reproduktion ermöglicht dieser Methode den Zugriff zur Schnittstelle innere/äußere Realität, um Verbesserungsvorschläge in Form von Hologrammen über das Unterbewusstsein des Kleinhirns einzuspeisen.

Wie unterschiedliche Gehirnteile "Zeit" völlig verschieden wahrnehmen und entsprechend verarbeiten, wie ein in unserem Kleinhirn sitzendes Bewusstsein anscheinend Wunder wirkt und wie sich all das praktisch anfühlt, wird nicht nur erklärt, sondern der Mensch erfährt und erlebt es direkt.

Durch COBIMAX können u.a. destruktive Gedankenmuster und Emotionen identifiziert, lokalisiert und reguliert werden. Hieraus kann der Anwender direkte Zusammenhänge erkennen, die eine lückenlose Beweisführung zulassen, inwieweit ein destruktives Gefühl die Zellelektrizität, die Zellchemie und die Zellfunktion nachteilig verändert.
Entgegen herkömmlicher wissenschaftlicher Erkenntnis kann mittels COBIMAX das autonome Nervensystem willentlich gesteuert werden.
Das Hauptwerkzeug von COBIMAX sind kleinste Zellbestandteile (Mikrotubuli) im Körper, die die Fähigkeit

besitzen, in jeder Geschwindigkeit und Stärke zu schwingen. Gerade dieses Zellschwingen ermöglicht es, unterschiedliche Vorgänge in den Organen bis in die Zelle hinein zu kontrollieren. So wird dadurch beispielsweise ein Eliminieren von Mikroben erreicht sowie ein Wieder-Ordnen von emotional verursachten Zellfehlfunktionen ermöglicht.

Haargenau das gleiche Vorgehen (Wissen) praktizieren Naturvölker wie die Aborigines schon seit Jahrtausenden.

COBIMAX verbindet den Anwender mit dem grenzenlosen inneren Wissen, zu dem jeder Mensch Zugang erhält, sobald er mit dynamischer Intelligenz verbunden ist. Dieser bewusstseinserweiternde Zustand führt zu einer Zeitbeschleunigung, und daher kann der Einzelne sofort Einfluss auf Zell- und Organfunktionen nehmen.

Das bedeutet, dass jede Person, die eine körperliche und/oder geistige Veränderung herbeiführen möchte, dies durch COBIMAX erreichen kann. Vorausgesetzt, es handelt sich dabei - im biologischen Sinne - um eine Verbesserung.

COBIMAX fördert in höchstem Maße die physische und psychische Autonomie des Menschen.

Lernt die vielfältigen Einsatzmöglichkeiten Eures dynamischen Bewusstseins kennen!

Ursprungssprache

 Bernd Laudenbach suchte seit seinem 9. Lebensjahr nach einer vereinheitlichenden Sprache, die alle Menschen sprechen. Gibt es eine Sprache, die vollkommen ohne Verbalik auskommt?

Jahre später lag er nachts schlafend in seinem Bett. Im Traum, der ihm äußerst real erschien, schwebte er an der Zimmerdecke und sah sich neben seiner Frau liegend. Sein erster Gedanke war, so sieht es aus, wenn man stirbt. Im nächsten Moment fühlte er sich wie von einem Gummiband durch einen beleuchteten Tunnel gezogen und fiel auf Wüstensand. Zwei Aborigines kamen auf ihn zu, blickten ihm tief in die Augen und zeichneten mit feinen Stöckchen Zeichen auf seine Beine. Blut tropfte in den Sand.

Kurz darauf wurde er wieder durch diesen Tunnel zurück in seinen Körper gezogen, was mit lauten Geräuschen verbunden war. Er wachte auf und blutete aus Ohren und Nase.

Dies geschah insgesamt drei Mal in fünf aufeinander folgenden Nächten.

Erst eineinhalb Jahre später begriff er, was diese Zeichen bedeuten: Es war die von ihm gesuchte Kommunikation, die alle Lebewesen verstehen.

Herausgefunden hatte er in seiner eigenen Forschungsarbeit, wie diese Kommunikation funktioniert, wie diese anzuwenden ist und baute daraus seine Kommunikations- und Therapieform COBIMAX auf.

COBIMAX-Bilder mit Wirkung

Die in den Bildern erkennbaren Zeichen entsprechen keiner bekannten Schrift oder Verbalsprache. Gleichwohl stehen diese Zeichen aber für die Übermittlung und Verarbeitung von Daten aus einer optionalen potenten Zukunft des Bildbetrachters. Dem Wachbewusstsein völlig unverständlich, richtet sich der Inhalt dieser Schriftzüge einzig und allein an das im Kleinhirn agierende Unterbewusstsein.

Dieses Unterbewusstsein sieht uns selbst, also den Bildbetrachter, als seine Vergangenheit an. Die Arbeitsfrequenz dieses Unterbewusstseins liegt im Bereich der Ultraviolettlicht-Frequenzen, die gleiche Frequenz, in der die Schriftzüge der dynamisch intelligenten Bilder agieren. Somit eröffnet sich mit diesen kommunikativen Bildern die Möglichkeit, unseren Körper wie gleichsam unsere Emotionen durch die Kontaktaufnahme zum eigenen Unterbewusstsein konstruktiv zu beeinflussen.

Einerseits können wir das Bild mit unseren Augen betrachten und den Inhalt des Bildes visuell aufnehmen. Andererseits besteht die Möglichkeit, das Bild mit den Händen zu „sehen": Durch bloßes kurzes Betasten des Bildes übermittelt sich der an das Unterbewusstsein des Betrachters gerichtete Bildinhalt.

Diese Bilder durchbrechen kontrollierende Barrieren und psychische Begrenzungen, die das Wachbewusstsein aus Gründen von Angst und Unwissenheit errichtet hat. Vor vielen Jahrtausenden, als die Menschheit noch nicht der schlimmsten Krankheit, des Intellekts, erlag, war es jedem Menschen möglich, sich mit sich selbst und mit jedem anderen Menschen in dieser mächtigen Sprache zu unterhalten.

Die cobimaximierte „Sprache" ist die Kommunikationsform des Nichtangepassten und Nichtzivilisierten in uns selbst. Dieses Sprachsystem trägt in sich eine unterbewusste Form der

Selbstkontrolle darüber, was als Information zum Empfänger weitergeleitet und verarbeitet wird. Eine vorsätzliche oder ungewollte Manipulation zum Schaden des Bildbetrachters ist unmöglich. Jede Bildnachricht wird mit dem geringsten Energieaufwand, aber dem größten Nutzen für den Bildbetrachter durch den Bildbetrachter selbst erarbeitet.

Die Bilder zeigen die Ursprungssprache von COBIMAX mit unterschiedlichen Themen und den mitunter schädigenden Einfluss auf unsere Gesundheit, die beim Betrachter körperliche Reaktionen auslösen können. Diese Reaktionen beinhalten aber auch gleichzeitige Korrekturmaßnahmen.

Bernd Laudenbach zeigt in diesem Buch einige Bilder-Themen in seiner Symbolsprache.
Das Betrachten geschieht auf eigene Verantwortung.

Es sei hier noch einmal darauf hingewiesen, dass auf der Erde diese Methode für den medizinischen Laien weder Arzt noch Heilpraktiker ersetzt, und dass sie niemals zum Absetzen von Medikamenten auffordert.

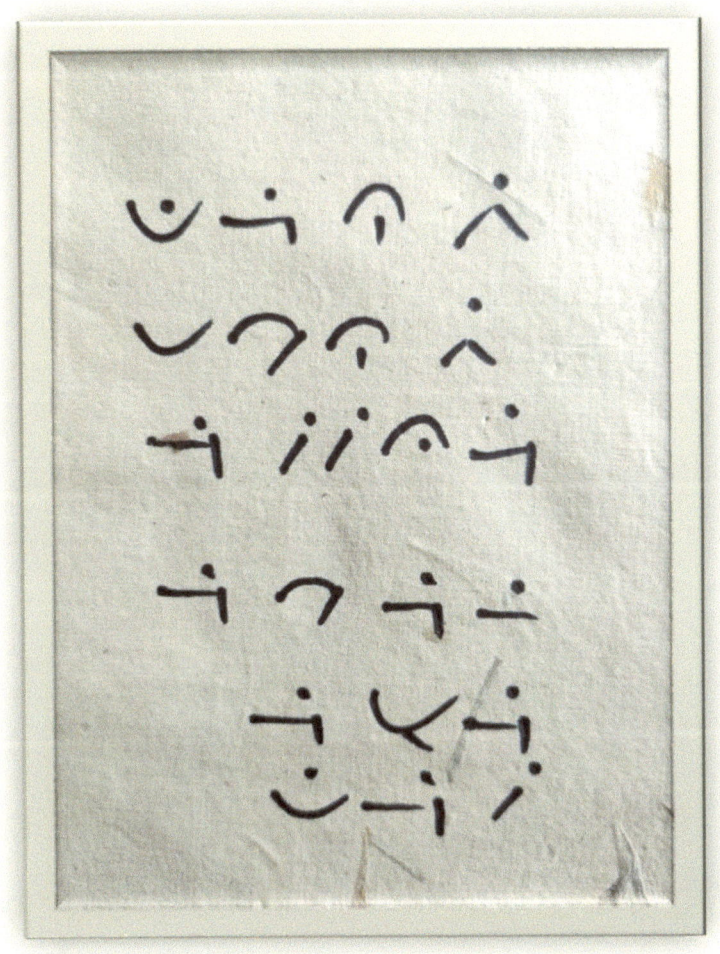

Angst nicht geliebt zu werden,

verlassen zu werden und alleine zu sein

Dieses Bild ist aktiviert.

Bitte Reaktionen abwarten und ausklingen lassen.

Meine körperlichen Schmerzen

sind auch seelische Schmerzen

Dieses Bild ist aktiviert.

Bitte Reaktionen abwarten und ausklingen lassen.

Ich habe schon immer all meine Dämonen verabschiedet

Dieses Bild ist aktiviert.
Bitte Reaktionen abwarten und ausklingen lassen.

„Zaubern" lernen?

Bernd Laudenbach prüfte und hinterfragte konsequent den menschlichen Körper und die Psyche und erarbeitete so die Communikations-Biologische Matrix, kurz COBIMAX®.

Du willst selbst „zaubern" lernen?
Dann kannst Du das auf der Erde erlernen.

So mancher Leser mag unsere ConnectDoor-Büchlein als eine Werbemaßnahme sehen. Es ist uns aber viel mehr ein Anliegen, den Menschen zu vermitteln, dass jeder selbst alle Voraussetzungen in seinem Kopf hat, die er benötigt, um direkt und effektiv mit seinem Unterbewusstsein zu kommunizieren und Verbesserungen in seinem Leben zu erzielen. Das funktioniert aber nur, wenn die Gehirnverbindungen, die dazu nötig sind, wieder hergestellt werden.

So wie nicht jeder Mensch Arzt wird und eine Praxis eröffnet, so wird auch nicht jeder Mensch den Wunsch haben, ein COBIMAX-Anwender zu werden. Zumindest ist es aber wichtig, zu wissen, wo er Hilfe finden kann.

Bereits ausgebildete COBIMAX-Berater und COBIMAX-Therapeuten stehen Dir auch gerne zur Seite.
Kontaktdaten auf Anfrage.

Was es bedeutet, ein COBIMAX-Anwender zu sein

„Wir COBIMAX-Anwender müssen verstehen, dass wir durch den „cobimaximierten" Anschluss an unser Kleinhirn direkten Zugang zu einer höheren Instanz, dem Kleinhirnbewusstsein, haben. Jeder Gedanke, der eine Korrekturabsicht beinhaltet und damit eine Verbesserung des biologischen Organismus unseres Gegenübers bedeutet, wird sofort von dessen Kleinhirnbewusstsein aufgegriffen und dieses lässt unter seiner Kontrolle einen Korrekturvorgang über die Mikrotubuli durchführen.

Eine vorsätzliche oder unbeabsichtigte Schädigung eines anderen Organismus ist mit dem COBIMAX-System nicht möglich, da ein höheres Bewusstsein, das absolut neutral ist, nämlich das Kleinhirnbewusstsein, entscheidet, ob eine COBIMAX-Eingabe durchgeführt wird oder nicht. Somit kann dem COBIMAX-Anwender auch kein Fehler unterlaufen.

Die Frage der Ethik taucht auch immer wieder auf. Jeder COBIMAX-Anwender muss auf seine eigenen ethischen Grundsätze zurückgreifen. Bei einem Hilfesuchenden ist es klar, dass wir auf dessen Wunsch zielgerichtet intervenieren können."

Wie wird man ein COBIMAX-Anwender?

Lehrgang zur autorisierten Nutzung von COBIMAX® mit COBIMAX-Initiierung durch Bernd Laudenbach

COBIMAX ist ein Geschenk der Natur, das jedem Menschen in die Wiege gelegt wird.
So besitzt also jeder Mensch von Geburt an die Fähigkeit durch Gedanken den Körper zu heilen. Sehr früh schon im Leben macht der Mensch unterschiedlichste Erfahrungen.
Da Menschen so konditioniert werden, jegliche Erfahrung emotional zu bewerten, sind es im Laufe des Erwachsenwerdens genau diese im Gehirn gespeicherten emotionalen Beurteilungen, die von der Fähigkeit, sich selbst zu heilen, wieder abtrennen.

COBIMAX baut die Verbindung zum alle Menschen umfassenden Kollektiv-Bewusstsein wieder auf: Dieses höhere Bewusstsein, das bei jedem Menschen im Kleinhirn sitzt, ist der tatsächliche HEILER, der bei allen „Cobimaximierungen" in Aktion tritt.

Der COBIMAX-Lehrgang befähigt den Absolventen zum permanenten Zugriff auf dynamische Intelligenz.
Die erreichte Bewusstseinserweiterung ermöglicht die direkte Einflussnahme auf das autonome Nervensystem, die Organsteuerung und Zellsteuerung eines jeden Menschen.
Gedankenprozesse werden ebenso konstruktiv optimiert.
Dem Lehrgangsabgänger öffnen sich mittels COBIMAX Wege, die ein forciertes Weiterentwickeln der eigenen Persönlichkeit, der Gesundheit und der Autonomie erleichtern.
Selbstverständlich kann der COBIMAX-Anwender dies auch für andere Menschen erreichen.

Der erfolgreiche Abschluss beschert jedem Teilnehmer äußerste Effizienz, indem Gehirnareale willentlich nutzbar gemacht werden, zu dem der Mensch bisher keinen direkten

Zugang hatte. Er verbindet die Anwender mit grenzenlosem innerem Wissen und mit dem kollektiven menschlichen Bewusstsein.

So wie die Krankheit in unserem Körper steckt, ist auch die Lösung in ihm enthalten.
Bernd Laudenbach

Die Autoren

Bernd Laudenbach
(Jahrgang 1959), ist ursprünglich ausgebildeter Masseur und besuchte später eine Ausbildung zum Heilpraktiker.
Bereits während seiner Berufsausübung als Masseur suchte er nach Möglichkeiten, pathologische körperliche Veränderungen nachhaltig zu optimieren. Obwohl dies unmöglich schien, haben Bernd Laudenbachs Neugierde und Beharrlichkeit ihn dazu bewogen, bisherige Erkenntnisse und Annahmen, die den menschlichen Organismus und die Psyche betreffen, gründlich zu prüfen und konsequent zu hinterfragen.
Aufgrund der Erforschung des eigenen Körpers und der eigenen Psyche sowie einer stetigen Selbsthinterfragung hat Bernd Laudenbach darauf aufbauend die Communikations-Biologische Matrix COBIMAX erarbeitet.
Als er Anfang der neunziger Jahre mit den Versuchen zur Aktivierung seiner Selbstheilungskräfte begann, dachte er weder daran, andere Menschen einmal behandeln zu können, noch dieses Wissen bzw. das Werkzeug anderen Interessierten zur Therapieanwendung zur Verfügung zu stellen.

Seit 1999 behandelt er Tausende Hilfesuchende mit Erfolg und seit 2005 bildet er zusätzlich COBIMAX-Therapeutinnen und -Therapeuten aus.

COBIMAX ist eine ursprüngliche Kommunikationsform der Natur, die zielgerichtet Selbstheilungskräfte aktiviert und diese zu präzis gesteuerten Veränderungen im Körper nutzt.

Inge Friedrich

(Jahrgang 1947) ursprünglich tätig in der medizinischen Forschung eines Pharma-Unternehmens, lernte Bernd Laudenbach und seine Kommunikations- und Therapie- methode Communikations-Biologische Matrix COBIMAX im Jahr 2003 kennen. Durch die verblüffenden Ergebnisse von COBIMAX, auch bei Austherapierten, wurde ihr Forschergeist geweckt und sie veranstaltete Vorträge und Ausstellungen mit Bernd Laudenbach. Anfang 2005 erhielt sie die Möglichkeit, eine Ausbildung bei Bernd Laudenbach zu absolvieren, um dann selbstständig als COBIMAX-Beraterin zu arbeiten. Neben der COBIMAX-Beratung hält sie Vorträge und Workshops und begleitete viele Jahre Bernd Laudenbach bei seinen Lehrgängen zur autorisierten Nutzung von COBIMAX.

Ulrike Kluge
(Jahrgang 1970) ist ursprünglich Ergo-Therapeutin mit 15 Jahren Erfahrung in der Arbeit mit akuten neurologischen Erkrankungen und war später als Lehrkraft an einer Ergotherapieschule tätig.

Nachdem sie einige Jahre zuvor schon von den erstaunlichen Wirkungen von COBIMAX gehört hatte, nahm sie Anfang 2016 an einem Vortrag über die Methode teil. Dabei wurde sie so neugierig, dass sie sich gleich meldete, als Freiwillige für eine praktische Anwendung gesucht wurden. Nur soviel: Das Ergebnis hat sie derart fasziniert und gleichzeitig auch neugierig gemacht, dass sie kurze Zeit später eine Ausbildung zur COBIMAX-Anwenderin absolvierte.

Seither hat sich COBIMAX in den unterschiedlichsten Situationen unzählige Male bewährt. Während ihrer bislang knapp 5-jährigen Arbeit mit COBIMAX in Uruguay, konnte sie viele Menschen aller Altersklassen für die dort bislang völlig unbekannte Therapiemethode gewinnen.

Weitere Taschenbücher mit cobimaximierten Bildern :

ConnectDoor - Zugang zu einer anderen Dimension
Die Macht der Gefühle
ISBN 978-3-7357-8011-9

ConnectDoor - Zugang zur nächsten Dimension
Rund um Bakterien, Viren & Co.
ISBN 978-3-7347-3244-7

ConnectDoor - Zugang zu einer weiteren Dimension
Stress minimieren-Erfolg maximieren
ISBN 978-3-7347-7381-5

ConnectDoor - Zugang zu außergewöhnlichen Dimensionen :
Von geschmeidig über echt schräg zu voll krass
ISBN 978-3-7386-1740-5

ConnectDoor - Zugang zu meinem Humanarchitekten
Die große Liebe meines Lebens
ISBN 978-3-7412-0540-8

ConnectDoor - Zugang zum Geschenk der Natur
Einsatz bei Tier und Pflanze
ISBN 978-3-7528-3496-3

ConnectDoor - Zugang zum Geheimnis der Zahlen
Einfluss der Zahlen auf Denken, Fühlen und Handeln
ISBN 978-3-7448-2223-7

ConnectDoor - Zugang zu einer verzwickten Dimension
Liebe und Partnerschaft
ISBN 978-3-7481-8853-7

ConnectDoor - Zugang zu einer vergessenen Dimension
Essen hält Leib und Seele zusammen
ISBN 978-3-7494-5171-5

ConnectDoor - Zugang zu einer höheren Dimension
Wer ist ICH?
ISBN 978-3-7494-5393-1

ConnectDoor - Zugang zu einer magischen Dimension
Zaubersprüche für Jung und Alt
ISBN 978-3-7504-1039-8

ConnectDoor - Zugang zu unmöglichen Dimensionen
Telepathie – ungewollt!
ISBN 978-3-75197894-1

ConnectDoor – Zugang zur Fünften Dimension
Die Erde im Bann der Mondmatrix
ISBN 978-3-75193215-8

ConnectDoor – Zugang zu inneren Dimensionen
Seit Adam und Eva ist der Wurm drin
ISBN 978 -3-75345765-9

Kontaktdaten:

Cen-Tooh, der Therapeut : www.connectdoor.de

COBIMAX, Bernd Laudenbach: www.cobimax.com
Frankurter Str. 43, 36391 Sinntal-Altengronau
Tel. 06665 918688
E-Mail: bernd.laudenbach@cobimax.com

COBIMAX, Inge Friedrich: www.inge-friedrich.de
Hähnleiner Str. 4, 64673 Zwingenberg
Tel. 0049 172 763 7112
E-Mail: inge.friedrich@cobimax.com

Ulrike Kluge   www.cobimax-terapeuta-movil.com
Paraguay M.13 S.24
Shangrilá - Canelones - C.P. 15002
R.O. del Uruguay
Tel. +598 91753376
E-Mail: ulrike@cobimax-terapeuta-movil.com

Bilder:
Cen-Tooh: ©*HitToon.com-Fotolia.com*
Pixabay